CONSIDÉRATIONS
SUR
L'ORIGINE DU BOUDDHISME[1].

Par M. Eug. Burnouf,
MEMBRE DE L'ACADÉMIE DES INSCRIPTIONS ET BELLES-LETTRES.

Lues dans la séance publique annuelle des cinq Académies, le mardi 2 mai 1843.

Parmi les religions dont l'Inde ancienne a été le berceau, il n'en est aucune qui se soit répandue sur d'aussi vastes contrées que celle dont la tradition rattache l'origine à un sage nommé Bouddha. Nationale au Tibet, chez les Mongols, dans la presqu'île transgangétique et à Ceylan; populaire en Chine et au Japon, elle compte presque autant de sectateurs que le christianisme, et réunit dans un culte commun des peuples profondément séparés les uns des autres par le climat, par les mœurs et par les institutions politiques. L'immense extension de cette croyance, et l'influence qu'elle a dû exercer sur les nations soumises à son empire, ont de bonne heure attiré l'attention des historiens et des philosophes, et quand, à la fin du dernier siècle, les langues et les littératures de l'Asie orientale commencèrent à être réguliè-

---

[1] Ce fragment est extrait du second mémoire sur les livres religieux des Bouddhistes du Népâl lu par l'auteur à l'Académie des inscriptions, dans le courant de janvier et de février 1843.

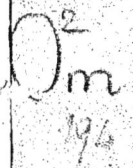

rement étudiées, le Bouddhisme devint l'objet d'une curiosité qui n'est pas encore complétement satisfaite aujourd'hui.

On ne s'épargna cependant ni les systèmes, ni les hypothèses, et la question n'était encore que très-imparfaitement posée, qu'elle était déjà résolue dans les sens les plus divers. Pour les uns, le Bouddhisme était un vénérable culte né sur le plateau de l'Asie centrale, et dont l'âge se perdait dans la nuit des temps. Pour les autres, c'était une misérable contrefaçon du Nestorianisme. On fit de Bouddha un nègre, parce qu'il avait les cheveux crépus, un Mongol, parce qu'il avait les yeux obliques, un Scythe, parce qu'il se nommait Çâkya ; on en fit même une planète, et je ne sais pas si quelques savants ne se plaisent pas encore à retrouver ce sage paisible sous les traits du belliqueux Odin.

On aurait tort cependant de se montrer bien sévère à l'égard de ces hypothèses. Quand on ignore les faits, il faut bien les remplacer par des conjectures, et alors, les combinaisons arbitraires se multiplient d'autant plus, que les documents positifs sont moins nombreux. Il y a peu d'années encore, les érudits se trouvaient dans les conditions les plus favorables pour la création de ces grands systèmes historiques qu'on leur demande quelquefois avec un empressement auquel ils ne savent pas toujours résister. On connaissait l'existence d'une religion qui florissait depuis des siècles sous le nom de Bouddhisme; on répétait qu'elle avait aboli le système indien des castes héréditaires. On ne savait pas précisément si celui qu'on en croyait le prophète avait paru dans l'Inde ou ailleurs; mais cette incertitude sur ce point capital, loin de décourager la curiosité, l'excitait davantage, et chaque auteur n'en était que plus libre de placer la naissance de Bouddha où il le désirait, d'après les convenances ou les nécessités de son système.

Ces tentatives, quelque mal dirigées qu'elles fussent, devaient toutefois porter leurs fruits; elles avaient signalé à l'attention des esprits sérieux l'importance de la recherche, et des hommes éminents ne tardèrent pas à y appliquer tous leurs efforts. A Saint-Pétersbourg, M. Schmidt, à Paris, M. Abel Rémusat, dans l'Inde, M. Csoma de Körös, attaquèrent chacun avec des ressources diverses, tous avec un zèle égal, le problème complexe de l'origine du Bouddhisme, de ses dogmes et de ses migrations. M. Schmidt, s'aidant d'une profonde connaissance de la langue mongole, sut extraire des livres écrits dans cet idiome, le système de la métaphysique et de la théosophie; M. Rémusat, s'appuyant sur les livres chinois, éclaira un grand nombre de points des lumières de son vaste savoir et de sa rare intelligence. Le hongrois Csoma, qui avait entrepris le voyage de l'Orient pour y découvrir le berceau de sa nation, rencontra sur son chemin le Tibet, avec sa langue inconnue et sa littérature ignorée; et oubliant les Hongrois qu'il ne trouvait nulle part, il ne songea plus qu'aux Bouddhistes au milieu desquels il vivait, et qu'il ne devait plus quitter. La mort a frappé ce savant courageux au milieu des plus grands travaux que l'ardeur de l'étude ait jamais inspirés à un homme; elle a enlevé à la France un écrivain qui était une de ses gloires. Mais le souvenir de ce qu'ils ont fait ou tenté l'un et l'autre pour les belles études auxquelles ils avaient consacré leur talent, vivra toujours dans la mémoire de ceux que guident encore leurs essais, et qu'inspire leur exemple.

Pendant que les Mongols, les Chinois et les Tibétains répondaient aux questions des habiles interprètes qui les interrogeaient, une lumière nouvelle devait nous venir des lieux mêmes où le Bouddhisme avait pris naissance. Il y a près de vingt ans, un naturaliste anglais justement estimé, M. Hodgson, qui représentait les intérêts de la Compagnie des Indes dans le Nepâl, résolut de rassembler une collection des livres religieux de ce pays. Ses recherches furent bientôt couronnées d'un plein succès. En moins de dix ans, elles le mirent en possession de la grande bibliothèque tibétaine, et de la plupart des textes sanscrits dont cette bibliothèque renferme les traductions. M. Hodgson voulut immédiatement faire jouir l'Europe des fruits de sa découverte. Non content de l'annoncer par de savants mémoires, et par la description d'ouvrages dont on ne connaissait même pas les titres avant lui, il envoya des copies de ces livres à la société asiatique de Londres, et avec une libéralité qui l'honore, il voulut que la France partageât avec l'Angleterre le mérite de les interpréter.

Avant que les découvertes de M. Hodgson fussent connues en Europe, les livres chinois, tibétains et mongols, plaçaient déjà dans l'Inde la patrie du Bouddhisme. On avait traduit la légende du fondateur de ce culte; les traits principaux de sa doctrine avaient été exposés; on pouvait déjà suivre dans ses migrations à travers l'Asie, la religion dont il a posé les bases; une histoire générale du Bouddhisme devenait de jour en jour moins impossible. Mais il manquait à tous ces résultats la sanction définitive des témoignages originaux. Par quelle singulière fatalité une croyance que tout nous représentait comme indienne, n'avait-elle laissé aucune trace dans l'Inde? Pourquoi ne rencontrait-on dans ce pays aucun de ces ouvrages dont les Tibétains et les Mongols conservent si religieusement les traductions?

La collection des livres sanscrits trouvés dans les monastères du Nepâl, répond à ces questions en même temps qu'elle assure aux recherches futures de l'érudition une base solide. Lorsque vers le cinquième siècle de notre ère, les Brâhmanes reconquirent dans l'Inde l'ascendant que leur disputaient les Bouddhistes depuis près de dix siècles, une violente persécution força ces derniers de se retirer au nord, dans le Nepâl et dans le Tibet. Cachés dans les vallées de l'Himâlaya, ils y gardèrent le dépôt de leurs livres sacrés, qui de là furent portés chez les tribus de l'Asie centrale, et y propagèrent leur croyance. Au zèle du prosélytisme qui répandait les livres, s'associa le respect du passé qui les conserva sans altération; et quand ces livres parurent en Europe, on vit avec étonnement ceux que nous apportaient les Mongols et les Chinois, parler le même langage que ceux qu'on venait d'exhumer des monastères du Nepâl. Ces grands voyages à travers l'Asie, ce séjour prolongé chez tant de peuples et de tribus diverses n'avaient rien changé au fond ni à la forme de la doctrine; dogme, métaphysique, morale et discipline, tout était resté parfaitement indien; un fait unique avait eu lieu : une littérature tout entière avait été traduite en plus de six langues différentes.

Cette littérature est aujourd'hui entre nos mains, et nous pouvons l'étudier sous ses traits primitifs et dans sa langue originale. Les ouvrages qui y occupent la première place, sont les discours et les enseignements de Çâkya. Rédigés en général dans un langage très-simple, ces traités portent la trace visible de leur origine. Ce sont des dialogues relatifs à la morale et à la métaphysique, où le Bouddha remplit le rôle de maître. Loin de présenter sa pensée sous cette forme concise, familière à l'enseignement brâhmanique, il la développé avec des répétitions et une diffusion, fatigantes sans doute, mais qui donnent à son enseignement le caractère d'une véritable prédication. Il y a un abîme entre cette méthode et celle des Brâhmanes. Au lieu d'un enseignement mystérieux confié presque en secret à un petit nombre d'adeptes; au lieu de ces formules dont l'obscurité étudiée semble aussi bien faite pour décourager la pénétration du disciple que pour l'exercer, les discours de Çâkya nous montrent autour de lui un nombreux auditoire, et dans son langage, ce besoin de se faire comprendre qui a des paroles pour toutes les intelligences, et qui, par ses perpétuelles répétitions, ne laisse aucune excuse aux esprits les moins attentifs ni aux mémoires les plus rebelles. Cette différence profonde est dans l'essence même du Bouddhisme, doctrine dont le prosélytisme est le trait distinctif; mais le prosélytisme lui-même n'est qu'un effet de ce sentiment de bienveillance et de charité universelles qui anime le Bouddha, et qui est à la fois la cause et le but de la mission qu'il se donne sur la terre.

Au temps où il parut, vers la fin du VIIe siècle avant notre ère, l'Inde septentrionale, soumise au régime des castes, était divisée en un grand nombre de petites monarchies qui vivaient dans un état de guerre perpétuelle les unes avec les autres. Le pouvoir des rois était illimité; leur despotisme violent et arbitraire; et lorsque, par exemple, il s'agissait de recueillir les impôts, les ministres préconisaient et appliquaient cette maxime tout orientale : Le peuple est comme la graine de sésame, qui ne donne son huile que quand on la presse, qu'on l'écrase ou qu'on la grille.

La caste privilégiée des Brâhmanes se réservait le monopole exclusif de la science et de la religion; les mœurs y étaient relâchées; l'ignorance, la cupidité et les crimes qu'elle entraîne, avaient altéré déjà profondément l'ancienne société décrite dans les lois de Manu. C'est au milieu de ces désordres que naquit, au nord du Bengale, un jeune prince issu de la caste militaire, qui, renonçant au trône, se fit religieux, et prit le nom de Bouddha. Sa doctrine qui était plus morale que métaphysique, au moins dans son principe, reposait sur une opinion admise comme un fait, et sur une espérance présentée comme une certitude. Cette opinion, c'est que le monde visible est dans un perpétuel changement; que la mort succède à la vie, et la vie à la mort; que l'homme, comme tous les êtres vivants qui l'entourent, roule dans le cercle éternellement mobile de la transmigration; qu'il passe successivement par toutes les formes de la vie, depuis les plus élémentaires jusqu'aux plus parfaites; que la place qu'il occupe dans la vaste échelle des êtres vivants dépend du mérite des actions qu'il accomplit en ce monde, et qu'ainsi l'homme vertueux doit, après cette vie, renaître avec un corps divin, et le coupable avec un corps de damné; que les récompenses du ciel et les punitions de l'enfer n'ont qu'une durée limitée, comme tout ce que renferme le monde; que le temps épuise le mérite des actions vertueuses, tout de même qu'il efface la faute des mauvaises, et que la loi fatale du changement ramène sur la terre et le Dieu, et le damné, pour les mettre de nouveau l'un et l'autre à l'épreuve, et leur faire parcourir une suite nouvelle de transformations. L'espérance que le Bouddha venait apporter aux hommes, c'était la possibilité d'échapper à la loi de la transmigration, en entrant dans ce qu'il appelle l'affranchissement, c'est-à-dire, suivant une des plus anciennes écoles, l'anéantissement du principe pensant, comme du principe matériel. Cet anéantissement n'était entier qu'à la mort; mais celui qui était destiné à y parvenir, possédait pendant sa vie une science illimitée qui lui donnait la vue nette du monde tel qu'il est, c'est-à-dire la connaissance des lois physiques et intellectuelles, et la pratique des six perfections transcendantes, celle de l'aumône, de la morale, de la science, de l'énergie, de la patience et de la charité. L'autorité sur laquelle le religieux appuyait son enseignement était toute personnelle; elle se formait de deux éléments, l'un réel, l'autre idéal. Le premier était la régularité et la sainteté de sa conduite dont la chasteté, la patience et la charité formaient les traits principaux. Le second était la prétention qu'il avait d'être Bouddha, c'est-à-dire éclairé, et comme tel, de posséder une puissance et une science surhumaines. Avec sa puissance, il résistait aux attaques du vice; avec sa science, il se représentait sous une forme claire et complète le passé et l'avenir. Par là, il pouvait raconter tout ce qu'il avait fait dans ses existences antérieures, et il affirmait ainsi qu'un nombre incalculable d'êtres avait jadis atteint comme lui, par la pratique des mêmes vertus, à la dignité de Bouddha. Il se présentait enfin aux hommes comme leur sauveur; et il leur promettait que sa mort ne détruirait pas sa doctrine, mais que cette doctrine devait durer après lui un grand nombre de siècles, et que quand son action salutaire aurait cessé, il paraîtrait au monde un nouveau Bouddha, qu'il annonçait par son nom, et qu'avant de descendre sur la terre, il avait, disent les légendes, sacré lui-même dans le ciel en qualité de Bouddha futur.

Voilà ce que nous apprennent les plus anciens livres, de la position et des desseins du solitaire de la race des Çâkyas au milieu de la société indienne; et c'est là la forme la plus simple de sa doctrine, tant qu'elle n'est encore qu'à l'état de prédication. Il est évident qu'il se présentait comme un de ces ascètes qui, depuis les temps les plus anciens, parcourent l'Inde en prêchant la morale, d'autant plus respectés de la société, qu'ils affectent de la mépriser davantage. L'opinion philosophique par laquelle il justifiait sa mission était partagée par toutes les classes; Brâhmanes, guerriers, agriculteurs et marchands, tous croyaient également à la fatalité de la transmigration, à la répartition des récompenses et des peines, à la nécessité d'échapper d'une manière définitive aux conditions perpétuellement changeantes d'une existence toute relative. Guerrier par la naissance, il était devenu religieux, comme bien d'autres avaient fait avant lui. Philosophe et moraliste, il croyait aux vérités admises par les Brâhmanes. Ses disciples vivaient comme eux, et comme eux aussi, ils s'imposaient de rudes pénitences, se courbant devant cette antique sentence de réprobation portée contre le corps par l'ascétisme oriental. Ils faisaient également des miracles, et même, disent les légendes, des miracles bien supérieurs à ceux de leurs adversaires. Il ne paraît cependant pas que le Bouddha ait réellement fait appel lui-même à une puissance surnaturelle, dont nous sommes heureusement dispensés de discuter l'existence. Je trouve en effet, dans un de ses discours, ces remarquables paroles. Un roi le pressait de confondre ses adversaires par le déploiement de cette force surhumaine qui est faite pour réduire au silence l'incrédulité. O roi, lui répond le Bouddha, je n'enseigne pas la loi à mes disciples en leur disant : Allez et opérez des miracles devant les Brâhmanes et les maîtres de maison que vous rencontrerez ; mais voici comment je la leur enseigne : vivez, ô religieux, en cachant vos bonnes œuvres et en montrant vos péchés.

Cette humilité profonde, cette abnégation entière, est le trait caractéristique du Bouddhisme primitif, et ce fut aussi un des plus puissants instruments de ses succès auprès du peuple. Elle rapprochait le Bouddha des pauvres et des castes méprisées que repoussait l'orgueil brâhmanique. Le Bouddha, en effet, ne rejetait personne, et quand on lui reprochait d'accueillir des misérables et des condamnés, il répondait : Ma loi est une loi de grâce pour tous. Le reproche des Brâhmanes n'en était pas moins fondé, et on comprend qu'il devait leur en coûter de voir des hommes d'une basse extraction élevés au rang des ascètes, que la caste sacerdotale avait le privilége à peu près exclusif d'offrir aux hommages de la multitude. Là se trouve le secret de l'opposition qu'ils firent à la propagation de la foi nouvelle; par là s'expliquent les violentes persécutions dont ils la poursuivirent, lorsque ses principes commencèrent à se répandre dans la société. Les discours attribués au Bouddha sont remplis des détails les plus curieux sur les premiers symptômes de la lutte qui devait se terminer par la victoire du Brâhmanisme. J'en choisis un passage qui peut donner une idée des autres.

Un jour Ananda, le serviteur du Bouddha, après avoir longtemps parcouru la campagne, rencontre une jeune fille de la caste Paria qui puisait de l'eau, et il lui demande à boire. La jeune fille, craignant de le souiller de son contact, l'avertit qu'elle est née dans une caste vile, et qu'il ne lui est pas permis d'approcher un religieux. Ananda lui répond alors : Je ne te demande, ma sœur, ni ta caste, ni ta famille; je te demande seulement de l'eau, si tu peux m'en donner. Prakriti, (c'est le nom de la jeune fille qui, suivant la légende, était destinée à se convertir) se sent aussitôt éprise d'amour pour Ananda, et elle déclare à ses parents le désir qu'elle a de devenir sa femme. Sa mère qui prévoit l'obstacle que doit apporter à cette union la différence des castes (car Ananda était de la tribu militaire et cousin du Bouddha), sa mère, dis-je, a recours à la magie, pour attirer le religieux dans sa maison, où l'attend Prakriti parée de ses plus beaux habits. Ananda, entraîné par la force des charmes que la Paria met en usage, se rend en effet dans cette maison; mais, reconnaissant le danger qui le menace, il se rappelle son maître et l'invoque en pleurant.

Aussitôt le Bouddha, dont la science est irrésistible, détruit par des charmes contraires les invocations magiques de la Paria, et son disciple sort librement des mains des deux femmes. La jeune fille toutefois ne se décourage pas; elle songe à s'adresser au maître lui-même, et va l'attendre sous un arbre, près d'une des portes de la ville par laquelle il doit sortir après avoir mendié pour son repas. Le Bouddha se présente bientôt, et il apprend de la bouche de la jeune fille l'amour qu'elle éprouve pour Ananda, et la détermination où elle est de le suivre. Profitant de cette passion pour convertir Prakriti, le Bouddha, par une suite de questions que la jeune fille interprète dans le sens de son amour, mais qu'il fait sciemment dans un sens tout religieux, finit par ouvrir ses yeux à la lumière, et à lui faire désirer d'embrasser la vie ascétique. C'est ainsi qu'il lui demande si elle consent à suivre Ananda, c'est-à-dire à imiter sa conduite; si elle veut porter les mêmes vêtements que lui, c'est-à-dire le vêtement des personnes religieuses; si elle est autorisée par ses parents, question que la loi de la discipline exige qu'on fasse à ceux qui veulent se faire mendiants bouddhistes. Prakriti répond à tout affirmativement; le Bouddha exige en outre la présence de son père et de sa mère, qui viennent en effet approuver tout ce qu'elle désire; et c'est alors que, distinguant le véritable objet de son amour, la jeune fille reconnaît sa première erreur, et déclare qu'elle est décidée à renoncer au monde. Alors le Bouddha, pour la préparer à recevoir la loi, se sert des formules qui purifient l'homme des souillures qu'il a contractées dans les existences auxquelles le condamne la loi de la transmigration.

Cependant les Brâhmanes apprirent qu'une jeune fille de la caste Paria venait d'être convertie à la vie religieuse, et ils se mirent à faire entre eux les réflexions suivantes : Comment cette fille pourra-t-elle remplir les devoirs imposés aux religieuses et à leurs servantes ? Comment pourra-t-elle entrer dans les maisons des Brâhmanes, des chefs de famille et des hommes riches ? Le roi, entendant parler de cette conversion insolite, voulut en demander l'explication au Bouddha, et il se rendit à son ermitage, accompagné d'une grande foule de peuple. Alors le religieux, connaissant les pensées qui s'élevaient dans l'esprit de la multitude, convoqua l'assemblée de ses disciples, et se mit à leur raconter, en présence du peuple, l'histoire d'une des anciennes existences de la jeune fille.

Jadis, dit-il, au nord du Gange, vivait un roi des Parias,

qui voulut marier son fils à la fille d'un Brâhmane. Le jeune homme, qui n'était autre que Prakriti, était doué de toutes les perfections de l'esprit; il possédait à fond le Vêda et les autres sciences brâhmaniques. Le roi Paria se rendit donc dans la forêt auprès du Brâhmane, qui s'y livrait à la méditation, et il lui exposa son désir. Mais le Brâhmane ne l'eût pas plutôt entendu qu'il s'écria, plein d'indignation : Hors d'ici, Paria! comment celui qui mange du chien, ose-t-il parler ainsi à un Brâhmane qui a lu le Vêda? Comment oses-tu demander l'union du plus noble avec le plus vil ? Les bons, en ce monde, s'unissent avec les bons, les méchants avec les méchants. Tu demandes une chose impossible, en voulant t'allier avec nous, toi qui es méprisé dans le monde, toi le dernier des hommes! A ces dures invectives, le Paria répond ainsi : Il n'y a pas entre un Brâhmane et un homme d'une autre caste la différence qui existe entre la pierre et l'or, entre les ténèbres et la lumière. Le Brâhmane, en effet, n'est sorti ni de l'éther, ni du vent; il n'a pas fendu la terre pour paraître au jour, comme le feu qui s'échappe du bois que l'on frotte. Le Brâhmane est venu au monde de la même manière que le Paria. Où vois-tu donc la cause qui ferait que l'un est noble et l'autre vil ? Le Brâhmane lui-même, quand il est mort, est abandonné comme un objet impur; il en est de lui comme des autres castes; où est alors la différence?

Cette légende et d'autres semblables nous apprennent comment le Bouddha renversait les obstacles qu'élevait devant lui la division de la société indienne partagée en castes hiérarchiquement distribuées. Son but avoué était de sauver les hommes des conditions de l'existence qu'ils traînent en ce monde, et de les soustraire à la loi de la transmigration. Il convenait que la pratique de la vertu assurait pour l'avenir, à l'homme de bien, le séjour du ciel et la jouissance d'une existence meilleure. Mais ce bonheur ne passait aux yeux de personne pour définitif; devenir Dieu, c'était renaître pour mourir un jour, et c'était à la nécessité de la renaissance et de la mort qu'il fallait échapper pour jamais. La distinction des castes était donc un accident de l'existence de l'homme en ce monde qui n'arrêtait pas le Bouddha; il l'expliquait même à peu près comme faisaient les Brâhmanes, et chaque fois qu'il instruisait un homme d'une condition inférieure, il ne manquait pas d'attribuer la bassesse de sa naissance aux actions coupables que cet homme avait commises dans une vie antérieure. Convertir un homme, quel qu'il fût, c'était donc pour le Bouddha lui donner le moyen d'échapper à la loi de la transmigration; c'était le relever du vice de sa naissance absolument et relativement : absolument, en le mettant sur la voie d'atteindre à l'affranchissement définitif; relativement, en en faisant un religieux, qui venait prendre rang, suivant son âge et son mérite, dans l'assemblée des auditeurs du maître. Le Bouddha ouvrit donc indistinctement à toutes les castes la voie du salut que la naissance fermait auparavant au plus grand nombre, et il les rendit égales entre elles en leur conférant l'investiture. Il fit même plus, il sut donner à des philosophes isolés l'organisation d'un corps religieux. Là se trouve l'explication de ces deux faits : la facilité avec laquelle a dû, dans le principe, se propager le Bouddhisme, et l'opposition que le Brâhmanisme a naturellement faite à ses progrès. Les Brâhmanes n'avaient pas d'objection à lui adresser, tant qu'il se bornait à travailler à la délivrance future de l'homme, à lui assurer l'affranchissement que je nommais tout à l'heure absolu. Mais ils ne pouvaient admettre la possibilité de cette délivrance actuelle, de cet affranchissement relatif, qui ne tendait à rien de moins qu'à détruire, dans un temps donné, la subordination des castes, en ce qui touche la religion. Voilà comment le Bouddha minait dans sa base le système indien, et pourquoi il devait arriver un moment où les Brâhmanes, placés à la tête de ce système, sentiraient le besoin de proscrire une doctrine dont les conséquences ne pouvaient leur échapper.

On voit, en outre, comment il faut entendre ce célèbre axiome d'histoire orientale, que le Bouddhisme a effacé toute distinction de caste. Les écrivains qui ont accrédité cette assertion, l'ont vue vérifiée par la constitution politique des peuples chez qui règne aujourd'hui le culte de Bouddha. Cette vérification rencontre cependant une exception capitale, à laquelle on n'a pas fait une attention suffisante. En effet, si la distinction des castes est inconnue aux nations du Tibet, de l'Ava et de Siam, elle n'est pas moins très-réellement établie chez le peuple qui a le premier adopté le Bouddhisme, chez les Singhalais. Comment donc le principe des castes a-t-il pu subsister auprès du principe d'égalité que recèle le Bouddhisme? Les livres que M. Hodgson a mis entre nos mains donnent de cette question la solution suivante. Le sacerdoce a cessé d'être héréditaire, et le monopole des choses religieuses est sorti des mains d'une caste privilégiée. Le corps chargé d'enseigner la loi ne s'est plus recruté par la naissance; il a été remplacé par une assemblée de religieux voués au célibat, qui sortent indistinctement de toutes les classes. Le religieux bouddhiste enfin, qui tient tout de l'enseignement, a remplacé le Brâhmane qui ne devait rien qu'à la naissance. Voilà, sans contredit, un changement fondamental, et c'en est assez pour expliquer l'opposition que les Brâhmanes ont faite à la propagation et à l'application des principes du Bouddhisme. C'est qu'en effet les Brâhmanes disparaissaient dans le nouvel ordre de choses fondé par le Bouddha. Du moment que pour exercer une action religieuse sur le peuple, il leur fallait se soumettre à un noviciat, recevoir une investiture qui ne leur donnait pas plus de droits qu'au dernier des esclaves, et se placer, dans une hiérarchie fondée sur l'âge et le savoir, à côté des hommes les plus méprisés, les Brâhmanes n'existaient plus de fait. Au contraire, l'existence des autres castes n'était nullement compromise par le Bouddhisme. S'appuyant sur une division du travail que perpétuait la naissance, elles subsistaient librement sous la protection du sacerdoce, auquel elles fournissaient toutes des religieux. Autant les Brâhmanes devaient ressentir d'aversion pour la doctrine nouvelle, autant les hommes des classes inférieures devaient l'accueillir avec empressement. Car si cette doctrine abaissait les premiers, elle relevait les seconds; et elle assurait à l'esclave, dès cette vie, ce que le Brâhmanisme ne lui promettait même pas pour l'autre, l'avantage d'être, sous le rapport religieux, l'égal de son maître.

PARIS. — TYPOGRAPHIE DE FIRMIN DIDOT FRÈRES,
IMPRIMEURS DE L'INSTITUT, RUE JACOB, N° 56.

www.ingramcontent.com/pod-product-compliance
Lightning Source LLC
Chambersburg PA
CBHW060928050426
42453CB00010B/1908